AF340774

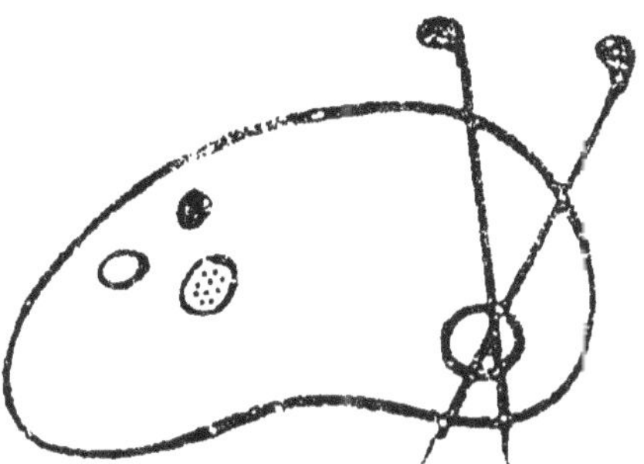

Début d'une série de documents
en couleur

Nº 101

8°Z
16257 bis
(101)

DÉPÔT LÉGAL
MEUSE
Nº 34
1924

Action Populaire

SÉRIE SOCIALE

O. DU BREAU

LES ŒUVRES D'UN VICAIRE BRETON

« La Cristallerie Fougeraise »

PRIX DE LA BROCHURE
1 franc.

Editions Spes

17, RUE SOUFFLOT, PARIS (5ᵉ)
Chèques postaux 525-52.
TOUS DROITS RÉSERVÉS

1924

Les *DOSSIERS*

de

L'ACTION POPULAIRE

Trois éditions bimensuelles :

Revue des ŒUVRES et des CERCLES d'ÉTUDES
(15 fr.)

Le MOUVEMENT SOCIAL et les FAITS ÉCONOMIQUES
(25 fr.)

Revue d'ACTION RELIGIEUSE ET SOCIALE
(35 fr.)

Editions SPES, 17, rue Soufflot, PARIS (V⁰)

Chèques postaux, PARIS 525-52.

SPÉCIMEN GRATUIT SUR DEMANDE.

« ÉDITIONS SPES », 17, rue Soufflot, PARIS (5e).

Téléph. : Gobelins 61-56. -- Chèques postaux 525-52.

COLLECTION NOUVELLE
des Brochures jaunes
de l' « Action Populaire
à 1 franc.

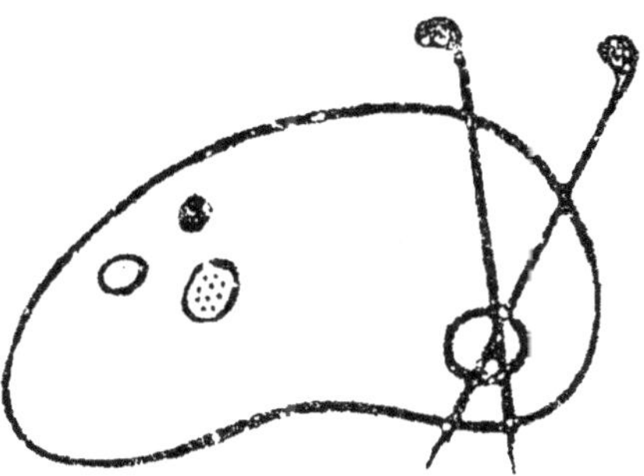

Fin d'une série de documents
en couleur

« La Cristallerie Fougeraise »

8° Z
16257 bis
(101)

« La Cristallerie Fougeraise »

Il en est des coopératives de production qui se fondent comme des Etats qui se créent : la guerre, le plus souvent, est l'occasion de leur naissance ; guerre entre les peuples, pour les uns, guerre entre les facteurs de la production pour les autres. La coopérative ouvrière de production qui porte le joli nom de Cristallerie Fougeraise n'a pas manqué à cette tradition. C'est à la suite d'une grève sévère et prolongée, menée avec la plus grande modération, que des hommes, venus d'horizons différents, mais bien faits pour s'entendre, ont collaboré pour mettre sur pied, dans des conditions et par des moyens qui méritent de fixer l'attention, cette verrerie ouvrière, unique en son genre.

Mais ce n'est pas seulement, ni même principalement cette curiosité qui nous pousse à en parler.

Il nous semble, en effet, qu'il se dégage de sa courte mais déjà édifiante histoire, d'abord un bel exemple de construction économique et d'organisation sociale, mais aussi une haute leçon de courage moral et de fraternité chrétienne qui valent d'être connus et médités, non seulement par les travailleurs, mais par tous ceux que le souci de la justice sociale et du mieux-être économique tient en constant éveil.

C'est pourquoi nous avons cru devoir écrire ces lignes.

---

1. Cette étude a paru en partie dans les « *Dossiers de l'Action Populaire* » (25 juillet 1924), revue bimensuelle : trois éditions, 15, 25, 35 fr. (Editions Spes, 17, rue Soufflot, Paris, 5ᵉ.)

I. — Le milieu.

Fougères : la cité, son esprit.

Le voyageur qui descend en gare de Fougères, du petit train trop lent qui l'amène, et fait quelques pas dans la cité, peut, du premier coup d'œil, en saisir la physionomie caractéristique. A gauche, la Haute Ville, vieille et pittoresque, dont le faubourg incurve ses curieuses maisons jusqu'au pied de la principale église vers le majestueux château féodal. En face et à droite, dans la plaine, l'agglomération ouvrière répartie entre des rues nombreuses et rectilignes, dont les trois principales partent en éventail de la station, des maisons saines et confortables ne comportant, pour la plupart, qu'un seul logement.

C'est sur un territoire municipal trop étroit auquel ils sont contraints d'annexer en fait des parties de Laignelet, Beaucé, Lécousse, que vivent les 28.000 Fougerais, parmi lesquels 18.000 appartiennent à des familles d'ouvriers se répartissant en presque totalité et fort inégalement entre 110 fabriques de chaussures, auxquelles il faut ajouter un peu de métallurgie et la cristallerie.

Le reste de la population comporte les commerçants, les industriels, les travailleurs et patrons retirés, avec quelques bourgeois seulement.

Sans qu'il y ait au sens propre du mot de grosses fortunes, Fougères est une ville riche. « On y a toujours travaillé », et à des tarifs industriels assez élevés, surtout depuis la guerre qui donna, ici, un élan particulièrement vigoureux à la production locale.

Les manufactures de chaussures n'étaient que 32 en 1914 ; il y en a aujourd'hui, nous l'avons dit, 110. Mais les nouvelles sont peu importantes. C'est que, le terrain manquant, les grandes usines ne peuvent se développer, tandis que les petites entreprises se sont installées dans des maisons bourgeoises facilement abandonnées par leurs propriétaires : une poutrelle de ciment armé renforce le bâtiment, le sous-sol abrite le moteur et une compagnie américaine loue les machines.

Aussi, dans cette ville, bon nombre de contremaîtres et de comptables deviennent normalement patrons ; et si cette promotion est le digne couronnement de leur carrière pour des hommes d'intelligence et d'initiative, elle est, par un autre côté, un sérieux empêchement au recrutement de l'élite syndicale. Tel syndicat catholique connut, de cette façon, sept secrétaires en une seule année !...

La C. G. T. y est fortement organisée ; ses syndicats y sont, et surtout y étaient puissants. — A leur tête est un secrétaire, Feuvrier, qui les dirige depuis vingt-huit ans. La grève de 1907-1908 qui dura neuf mois fut une victoire syndicaliste absolue et répondit aux espérances qu'y avaient semées Jaurès, Sembat, Yvetot et autres.

« Fougères la rouge » vit d'ailleurs toutes ses grèves de la chaussure réussir, d'autant plus que les « coupeurs » qui ne sont que 400 tenaient alors toute la ville par leur industrie-clé et que, par esprit de solidarité, ils faisaient grève pour une question intéressant par exemple une seule piqueuse et réduisaient par leur unique abstention la cité entière au chômage.

Des coopératives anciennes, nombreuses et puissantes, avec des succursales dans les divers quartiers, rayonnent encore l'influence de la Maison du Peuple. Une d'entre elles comporte 1.200 adhérents ; quant à la coopérative socialiste de chaussures, elle n'est plus guère qu'un organe du magasin de gros des coopératives et a perdu son caractère primitif.

C'est dans ces conjonctures économiques et sociales que se place la naissance de la Cristallerie Fougeraise.

Une peu d'histoire judiciaire.

Sans vouloir entrer dans des détails, pour le moins inutiles, nous sommes bien contraints, après avoir donné la composition du milieu, de faire brièvement la description des circonstances de temps qui ont été décisives pour la création de la coopérative ouvrière de Fougères ; nous le ferons d'ailleurs surtout à l'aide de documents judiciaires. Et ceux-ci ne manquent pas puisque l'affaire alla, après avoir épuisé tous les degrés de juridiction, jusque devant la Cour de cassation.

La verrerie de Laignelet (petite commune limitrophe de Fougères) avait ses ouvriers groupés dans un syndicat mixte lorsqu'en 1919, un syndicat affilié à C. F. T. C. y fut fondé sur une éloquente intervention de M. Zirnheld, son actif président général.

« Toute l'usine, d'un seul mouvement », y entra, et bientôt un cahier de revendications fut présenté en son nom au directeur qui relevait d'une société de verrerie ayant son siège à Paris, qui fut également saisie.

Ses ouvriers acceptaient, à quelque temps de là, de faire neuf heures de travail contre les avantages suivants : augmentation de 4 % sur le salaire ; chômage les jours fériés.

Mais, dès le lundi de Pâques de l'année 1920, le directeur refusa de laisser à ses ouvriers la disposition de leur journée et les menaça de leur retirer, s'ils n'obtempéraient pas, la moitié de l'augmentation consentie. Ce fut chose faite, les verriers ne s'étant pas présentés ce jour à l'usine. La délégation syndicale notifia à qui de droit le refus des ouvriers de toucher la paie ainsi diminuée, et menaça de cesser le travail. Après un arrêt de 5 jours et des interventions nombreuses, le travail reprit, lorsque le 31 octobre 1920, le directeur signifia son renvoi à la date du 1er janvier 1921 au verrier Chaperon, secrétaire syndical qui, à plusieurs reprises, avait, en cette qualité, pris la parole au nom de ses camarades.

Ce fut la grève.

Malgré les interventions des autorités morales les plus hautes du diocèse, dont le chef lui-même eut postérieurement à témoigner en justice, elle dura neuf mois, du 3 janvier 1921, au 1er octobre de la même année, date où fut solennellement coulé le premier verre de la Cristallerie ouvrière, après la bénédiction du four par Mgr Sourdin, le vénéré doyen de Saint-Léonard de Fougères.

Signalons seulement deux particularités, l'une *morale*, l'autre *juridique* de cette grève.

Moralement, elle fut d'une dignité admirable et bien rare ! — à tel point que le jugement de Fougères en fait état en ces termes :

« Attendu que les défendeurs ont toujours eu... une attitude correcte, souvent déférente et respectueuse, qu'ils ont exercé leurs droits syndicaux sans violence ni abus d'aucun sorte.. »,

Juridiquement, elle fut licite. En cour de Cassation le 24 mars 1924, le Syndicat de Fougères, défendu par M. Al. Souriac, l'éloquent et clairvoyant ancien président de l'A. J. C. F., triomphait, et avec lui la Coopérative. L'ancien patron de Jeantroux, Chaperon et autres défendeurs, leur réclamait 12.500 fr. de dommages-intérêts pour avoir rompu leur contrat de travail, sans préavis. Voici la réponse de la Cour.

« Attendu qu'il résulte des motifs de la sentence, adoptée par le jugement, et des motifs du jugement, que les ouvriers affiliés au syndicat se sont réunis le 14 novembre 1920, ont décidé de se mettre en grève si Chaperon était renvoyé, et ont désigné 3 délégués pour notifier leur résolution à la direction de l'usine ; que les 3 délégués ont été reçus, le 26 novembre, par le directeur Chupin et l'ont avisé de cette résolution, mais n'ont pu obtenir le retrait de la mesure concernant Chaperon ; qu'ils ont rendu compte de l'accomplissement de leur mission à une réunion du 5 décembre ;

« Attendu, d'après le pourvoi, que le jugement attaqué aurait violé les art. 1134 et 1780 C. civ. en considérant comme un préavis une menace de grève qui ne pouvait avoir ce caractère, parce qu'elle n'émanait pas des ouvriers eux-mêmes et qu'elle était conditionnelle et non pour une date déterminée ;

« Mais attendu, d'une part, que les trois délégués agissaient comme mandataires de tous les membres du syndicat ouvrier ; qu'ainsi la société a bien reçu, en la personne de son directeur et au nom des 25 défendeurs qui composaient le syndicat, le préavis prescrit par le règlement ci-dessus relaté ; que, d'autre part, ce préavis a été donné pour une date déterminée, puisque la grève était fixée au jour du départ de Chaperon, qui était congédié pour le 31 décembre 1920 ;

« D'où il suit que Jeantroux et autres ont régulièrement usé de leur droit de résiliation du contrat de travail, et que la décision attaquée est légalement justifiée ; qu'il est dès lors sans intérêt d'examiner les autres branches du moyen ;

« Par ces motifs, rejette le pourvoi. »

Ainsi se termine après trois ans la phase critique.

La vie n'avait pas été facile pour les grévistes.

Pendant trois trimestres, ceux-ci ne firent qu'un repas par jour au lieu des trois qui sont de règle dans ce pénible métier.

Dans une vaste marmite, empruntée au 10ᵉ escadron du train des équipages et installée chez un camarade, on accommodait, pour la collectivité des 120 grévistes et de leurs familles, ce que chacun pouvait acheter ou se procurer auprès du public, tandis que les plus jeunes allaient dans les villages voisins donner la comédie au profit des grévistes.

Cependant les ouvriers de Laignelet étaient logés par leur patron ! Pour comble de malheur, aucune verrerie n'existait là. Ajoutez à cela la crise du logement... Que faire ? Une solution héroïque s'imposa donc simultanément dans l'esprit des dirigeants et, en particulier, M. Jeantroux, l'actuel directeur, et dans le cœur d'un prêtre que nous aurons bien souvent l'occasion de nommer : M. l'abbé Bridel : bâtir de toutes pièces une usine et des maisons.

Ce fut là un tour de forcé accompli dans des conditions particulièrement difficiles que nous allons raconter et dont on a pu dire : « La Providence a été là du commencement à la fin. »

II. — **La Cristallerie.**

Travail du verre. — Le local. — Comment il fut construit.

« Les verriers ne craignent pas l'enfer », me disait, devant l'un des fours en action de la cristallerie, le sympathique directeur. « Je crois bien, répondis-je, ils font même leur purgatoire sur terre. »

C'est, en effet, une vision de feu qui saisit le profane entrant à la cristallerie.

Dans la chaleur suffocante qui remplit le vaste hall, de plus de 1.200 mètres carrés et haut à proportion, quarante « gamins », de 13 à 17 ans, se hâtent, balançant, au bout des cannes, le verre en fusion, semblable à une petite ampoule électrique qui serait rouge. Ils sont habiles, même gracieux, et méritent bien leur nom de « cueilleurs de verre ». Ils vont vers le four poussé au rouge blanc d'où ruisselle le verre, vous frôlent sans danger et présentent leurs fleurs incandescentes aux verriers qui les emprisonnent dans des moules et les soufflent pour faire également adhérer le verre aux parois, puis le coupent avec des ciseaux comme une prodigieuse étoffe...

Dans cette belle activité, il fait bon rappeler les débuts de l'œuvre. M. Jeantroux le fait volontiers.

Tout contre les voies de la gare de Fougères [1], dans un terrain de 2.5oo m², s'élevait en 1920 un grand hangar et un grand magasin contigu bondés l'un de balles de fourrage, l'autre de sacs d'avoine, et loués depuis longtemps à l'armée pour ses réserves. M. l'abbé Bridel, qui l'avait « récupéré », courut au ministère et, en *quinze jours de temps*, l'obtint à raison de 10.000 fr. de loyer par an, accompagné d'une promesse de vente.

Pour qui connaît les bureaux, une telle rapidité est un premier miracle.

Il y en eut bien d'autres.

A ces hommes moralement fatigués, physiologiquement sous-alimentés, « M. Bridel » demanda des efforts qui déconcertent. Pendant quatre mois, trente d'entre eux, après avoir aidé la trop passive main-d'œuvre militaire à débarrasser hangar et terrain, transportèrent les pierres et les briques, gâchèrent le mortier, aidant les spécialistes qui, à grands frais, bâtissaient les fours. Il est vrai qu'ils étaient riches ; ils touchaient — nous sommes en 1921 — trois francs par jour avancés sur les frais d'aménagement de la future coopérative... ; c'était d'une belle audace... Elle réussit. Nous le verrons.

Dans le terrain même de la Cristallerie, des bâtiments bien aménagés abritent provisoirement une vingtaine de famille de verriers qui n'ont pas encore trouvé place dans les cités voisines, tandis que d'autres locaux logent le restaurant et le dortoir des « cueilleurs de verre » dont le directeur, de sa maison même, peut surveiller et diriger la vie, dans un véritable esprit familial. Le restaurant-coopé-

---

1. En effet, la « *Cristallerie* Fougeraise Coopérative ouvrière de production » est à *Fougères*, au lieu dit Chêne Vert, et non à Laignelet, localité voisine où se trouve la *verrerie* patronale que tout son personnel, sauf 3 verriers, quitta pour fonder la Coopérative et qu i, avec un effectif sensiblement égal, ralluma ses fours en même temps que s'inaugurait la Cristallerie.

La Cristallerie fabrique exclusivement des services de table et des vases décorés par elle.

ratif, comme il convient, s'appelle d'ailleurs « le Foyer familial ». Les « gamins », et même les ouvriers qui le veulent, y prennent leurs cinq repas quotidiens.

En marge du dortoir est une salle de jeux et d'étude. Tout ceci n'est pas encore au goût du président du Conseil d'administration.

III. — Le capital.

Son origine démocratique ; sa rémunération.

L'article 6 des statuts de la Cristallerie s'exprime ainsi :

« Le capital social initial est primitivement fixé à la somme de deux cent mille francs, représentée par quatre cents parts d'intérêts de cinq cents francs chacune. »

Sous ces mots impassibles, on a peine à deviner tout ce que cette somme relativement modeste représente d'efforts. La grosse cinquantaine d'adultes coopérateurs donna 5o.ooo fr. ; et parmi eux certains qui, au bout de 3o à 4o années de travail, avaient pu économiser 5.ooo et 6.ooo fr., les versèrent intégralement. Et pour être coopérateur, il faut être membre du syndicat chrétien. Un peu plus de 2oo.ooo fr. d'emprunts à terme vinrent renforcer le capital social. Fait sans doute unique, la classe ouvrière fougeraise versa à elle seule 2oo.ooo fr. « pour aider les camarades ». Le restant de la population contribua largement, elle aussi — patrons, anciens patrons, travailleurs retirés, commerçants. Si bien que l'on peut dire que sur le premier demi-million, les 3/4 sont Fougerais et la moitié d'origine plébéienne.

C'est là une méthode chère à M. l'abbé Bridel, qui veut attacher les hommes à l'œuvre et enraciner celle-ci dans la cité. C'est le secret d'une solidité toute particulière.

La Cristallerie n'a pas reçu de subventions, celles-ci étant réservées aux coopératives « qui tombent » (sic !). Elle a reçu comme prêts officiels 9o.ooo fr. en deux fois, au moment où elle vivait déjà par elle-même.

Pour la rémunération, le capital est mis sur le même pied que le travail, avec une très sage et courageuse propension à réserver à l'entreprise le plus de fonds possible. En effet, les bénéfices sont ainsi affectés et répartis ;

10 % à la réserve légale ; 10 % au fonds de développement ; 35 % au capital, 35 % au travail représenté par tous les ouvriers et employés, associés ou non, qui auront fourni à la société un travail personnel. Enfin 10 % au directeur.

Le souci d'intéresser les travailleurs dans l'usine est poussé si loin que, pour les associés travaillant dans l'entreprise, ayant versé 1/10, ceux-ci doivent compléter leur souscription « au moyen de versements équivalents au moins au dixième des salaires ou appointements jusqu'à concurrence de la libération des parts souscrites », et que, en outre, les associés qui n'ont pas libéré entièrement leurs parts d'intérêts obligatoires sont tenus de laisser en versement sur ces parts le montant de la répartition au travail et des dividendes des parts d'intérêts jusqu'à complète libération. A la Cristallerie Fougeraise, on ne veut pas d'amateurs. Chacun doit comprendre et sentir que la verrerie est sa chose personnelle et que son sort personnel est lié à celui de l'entreprise.

IV. — La main-d'œuvre.

Salaires et heures de travail. — L'esprit de coopération.
L'apprentissage.

Nul ne peut être coopérateur s'il n'est syndiqué dans un groupement de la C. F. T. C. Les verriers de la Cristallerie coopérative font maintenant 8 h. ½ par jour ; ils ne sont pas astreints au travail de nuit et ne constituent, par conséquent, qu'une seule équipe, de même qu'ils chôment les dimanches et jours fériés.

Ce souci, hautement moral, ne laisse pas d'être onéreux. Ainsi le dimanche de Pentecôte, — le feu ne devant être poussé que le lundi pour permettre le travail le mardi — un seul jour « au ralenti » engouffrait cependant 3 tonnes de charbon, et d'un charbon spécial d'Ecosse dont on devine le prix élevé.

Des salaires, nous n'indiquerons pas la quotité numérique. Rien n'est en effet plus trompeur, puisque pour les mesurer c'est uniquement le coût *local* de la vie qu'il faut utiliser, afin de connaître le pouvoir d'achat qui constitue leur valeur réelle.

Disons cependant que la part des bénéfices attribuée au travail l'an dernier a représenté la paie de plus d'une quinzaine, et que les cueilleurs de verre gagnant la moitié du salaire moyen des verriers, peuvent, après retenue en vue du couchage, du blanchissage et raccommodage, et de leurs cinq repas par jour, mettre de côté 5 fr. par jour.

Le principe en honneur à Fougères n'est pas tant de donner de hauts salaires apparents que de faire comprendre aux coopérateurs que le gain n'est pas seul en jeu, mais que l'amortissement de l'usine leur appartient, et que c'est dans ce travail incorporé qu'est, en définitif, le meilleur rendement de l'activité professionnelle.

Naturellement, on pratique à la Cristallerie le système des Allocations familiales. La Cristallerie donne :

30 fr. par mois à partir du 3° enfant.
50 fr.   —   —   4° —
60 fr.   —   —   5° —

Les primes à la maternité sont de 325 fr. si la femme travaille à l'usine, et elle a un mois complet de repos ; 100 fr. pour le père dans tous les cas, que sa femme soit employée ou non à la Cristallerie.

Mais la grande particularité des salaires est, ici, qu'ils ne sont pas proportionnels avec la capacité professionnelle. Les coopérateurs de Fougères ont voulu assurer à tous un minimum vital. La différence de rendement est, sans doute, récompensée par une prime, mais celle-ci, contrairement à ce qui se passe dans tel ou tel système, est fixe et n'augmente pas, même si le rendement est exceptionnel. Et celui-ci l'est parfois. Ainsi se produit entre les « places où on mange de l'argent », dont les titulaires sont vieux ou fatigués, et les « places de bon rapport », une compensation toute fraternelle.

On tient essentiellement, d'ailleurs, à mettre les travailleurs au courant des questions commerciales, — ce « saint des saints » des maisons patronales. — Ils comprennent mieux ainsi que le travail bien fait se vend bien, qu'ils ont tout intérêt à faire bon et beau. Comme dit le directeur, « il vaut mieux se coucher que faire de mauvais travail ».

La conscience professionnelle est très développée à la coopérative catholique ; se parfaire soi-même est le noble souci de beaucoup, qui restent à l'usine après le « travail » pour s'entraîner à de nouvelles tâches plus relevées et pour former les apprentis.

Il y a, en effet, une hiérarchie dont chacun peut franchir les degrés : gamin, verrier, — et ici il y a déjà bien des catégories — chef de chantier enfin, car il n'y a pas de contremaître, et seul le directeur commande aux équipes et préside à la besogne tant industrielle que commerciale. Chacun, d'ailleurs, a sa conscience... et celle de son voisin, qui ne manquerait pas, le cas échéant, de rappeler à l'ordre celui qui oublierait « l'idéalisme pratique » qui est de mise en de telles circonstances.

Ajoutons, et ceci prouve encore la sympathie agissante dont jouit la Cristallerie, que le mélange des 12 ou 14 ingrédients fort différents qui entrent dans la composition du verre est opéré avec art par M. Houël, un homme de 64 ans, savant dans sa partie, qui, ancien verrier et retiré dans une aimable aisance, a repris du service à la Cristallerie. Venu là pour donner un coup de main provisoire, il fut si bien conquis qu'il est resté, et rend les services les plus estimés comme directeur technique.

V. — La Direction.

Le Conseil d'administration.
La participation ouvrière à la gestion.

Le Conseil d'administration joue à Fougères un rôle réellement actif. Il n'enregistre pas avec la dignité bénissante chère aux notoires incompétences les faits et gestes des hommes effectivement responsables. Il sait, décide, agit. C'est encore une des idées chères à M. l'abbé Bridel :

des travailleurs bons ouvriers, fortement unis entre eux et attachés à l'œuvre ; un directeur à l'autorité morale et technique qui s'impose ; un Conseil d'administration énergique et compétent qui, « *sur place* », est mêlé au jour le jour à la vie de l'entreprise et peut en suivre l'évolution.

Celui-ci comprend 7 membres, dont un seul, M. Michaud, président de la Fédération de la Métallurgie, — elle-même actionnaire pour vingt parts — est étranger à Fougères ; avec lui, M. Jeantroux, le directeur ; M. Guédeu, promoteur du syndicat des employés à Fougères et comptable plus qu'expérimenté ; 3 ouvriers, et enfin le président, dont on devinera l'autorité morale, intellectuelle,... M. l'abbé Bridel lui-même.

La participation ouvrière à la gestion est ici toute faite, puisque 3 ouvriers sont au Conseil d'administration. Mais il y a plus. Le Syndicat des Verriers, affilié à l'Union catholique de Fougères, elle-même rattachée à la rue Cadet, s'occupe, en effet, de l'organisation du travail « en collaboration » avec la direction. En cas de désaccord, le Conseil d'administration joue le rôle d'arbitre : cela lui est facile, puisque six membres sur sept habitent Fougères.

Les réclamations à l'occasion du travail, de l'hygiène, etc., — et dans une verrerie il y en a beaucoup : trop grand éloignement ou trop grand rapprochement du foyer, etc. — passent *obligatoirement par le syndicat,* qui en règle la plupart et surtout en arrête un grand nombre qui ne vont même pas jusqu'au directeur.

Celui-ci nous a dit à plusieurs reprises combien les verriers apprécient leur rôle et prisent leur indépendance, étant souvent les premiers à proposer de précieuses initiatives.

Ces travailleurs manuels reconnaissent aisément la supériorité de M. Jeantroux, le directeur, leur ancien collègue, demeuré leur camarade, et qui a su, en acquérant de réelles compétences commerciales, « se faire, comme il dit, une manière de commander », qui convient très bien à la fois à son bon caractère et à stature imposante.

Ainsi les inévitables conflits ne vont jamais loin. Le rapport moral, présenté le 11 août 1923, en disait les raisons :

« La bonne entente et l'union véritable de tous, c'est l'avenir assuré à la société.

Après deux ans, nous nous retrouvons tous, ouvriers, employés, administrateurs de la première heure, à cette séance qui clôture notre seconde année sociale où il nous est permis d'entrevoir, pour la première fois, le brillant avenir réservé à notre coopérative.

Pour les producteurs, il y a eu, certes, un grand pas de fait. Une évolution presque complète de la manière de voir et de la façon de faire. Cette évolution a permis à votre Conseil d'administration de conduire d'une façon sérieuse cette barque si fragile qu'est au début une coopérative de production. En un mot, les travailleurs se sont assimilés très facilement à leur nouvelle vie.

Je m'adresse à eux tous afin qu'ils n'oublient pas qu'ils sont un des facteurs principaux de la prospérité de notre Cristallerie, que leur situation particulière et privilégiée d'ouvriers libérés leur impose des devoirs souvent beaucoup plus grands, que chacun est tenu de remplir sa mission en toute conscience pour que nous puissions garder dans le monde du travail la place que nous avons conquise de haute lutte. Que chacun s'ingénie à produire mieux et plus pour que ceux qui nous ont fait confiance soient satisfaits dans leurs légitimes espérances. »

VI. — Les résultats matériels et moraux.

Comment ils furent obtenus. Les hommes.

Soyons brutal : pour l'année sociale 1921-1922, incomplète du reste, il ne fut pas distribué de dividende. Ce fut une période d'installation et de tâtonnements et le four ne donnait pas complète satisfaction : les verriers durent travailler eux-mêmes la nuit à sa réfection. Il faut bien dire aussi que la jeune et audacieuse société s'attaquait à la partie la plus ingrate en verrerie : la fabrication exclusive des services de table et limonadiers, et que toute la clientèle était à faire. Les difficultés ne manquèrent pas et tout fut mis en œuvre pour tomber la coopérative.

Pour l'année 1922-1923, il fut distribué 10 %, soit 9 %, déduction faite de l'impôt.

Voilà, n'est-il pas vrai, qui réconcilierait bien des capitalistes avec la coopérative de production.

Que seront les bénéfices pour l'exercice 1923-1924 ? Nous ne le savons pas. Ce que nous savons, c'est que la cristallerie a maintenant une clientèle qui l'apprécie, et cela à Fougères même, où j'ai pu boire au café dans un verre de sa fabrication. Les préventions qui avaient créé au début quelques difficultés commerciales sont tombées.

Malgré la construction d'un nouveau four actuellement en action et dont on prévoit l'amortissement, on nous a laissé entendre que le bilan présenterait encore un compte bénéficiaire.

L'usine est prospère et ne peut que progresser. Son chiffre d'affaires est sur le point d'atteindre un million et demi, ce qui indique déjà l'importance de l'entreprise.

Ardents syndicalistes au début, les ouvriers verriers sont devenus de vrais coopérateurs. L'esprit de solidarité qui les animait quand ils s'opposèrent au renvoi de leur secrétaire ne leur fait pas défaut à l'usine. Ils ont tous compris qu'ils devaient se donner à une œuvre commune et ont su, pendant le travail et dans les coups de main en dehors du travail, s'imposer les sacrifices nécessaires. L'autorité qu'ils ont choisie n'a pas été discutée et a pu aisément coordonner leurs efforts pour arriver à des résultats déjà appréciables. Rendons justice à qui de droit. Ils reconnaissent et disent hautement qu'ils doivent leurs qualités de syndicalistes et de coopérateurs à la formation très forte et très suivie qui leur a été donnée dans les syndicats chrétiens auxquels ils ont adhéré, et ceci est tout à l'honneur de la C. F. T. C.

Les résultats moraux sont aussi importants. Il n'est pas indifférent de lier l'ouvrier à sa fabrique, comme le paysan à sa terre. Le contre-coup dans la conscience et la responsabilité des travailleurs propriétaires est immense.

Comme le disait le dernier rapport moral :

« Nous devons la réussite à la parfaite compréhension du devoir professionnel par un personnel qui n'a cessé de donner, pendant toute l'année écoulée, des preuves d'attachement et d'abnégation et qui a mérité la confiance que vous lui avez faite.

« L'année qui vient de s'écouler nous a donc permis d'asseoir notre usine, d'avoir une clientèle de choix. Nous avons donc actuellement des ordres nombreux et importants en carnet pour une période de plusieurs mois, et nous avons acquis une expérience beaucoup plus grande. »

Ce résultat a pu être obtenu parce que des hommes de grande foi et de forte volonté, animés d'un sérieux amour du peuple, ont pu intervenir à un moment de crise économique et sociale et qu'ils ont trouvé des organisations syndicales toutes prêtes à servir de cadre à l'expérience qui réussit de la Cristallerie Fougeraise.

On comprend donc que S. E. le cardinal Charost, archevêque de Rennes, qui n'a cessé de donner à la Coopérative des Verriers catholiques de Fougères des preuves de dévouement et d'intérêt, ait tenu, au début de juin 1924, à visiter longuement leur atelier où il passa plus de deux heures, laissant à tous de précieux encouragements et, comme adieu, ce mot d'ordre : « Continuez. »

De Fougères à Albi.

A tous ceux qui s'intéressent à la Cristallerie Fougeraise, un souvenir se présente, c'est celui de la Verrerie Ouvrière d'Albi, qui a souvent fait parler d'elle, et, on peut le dire sans aucun parti pris, d'assez mauvaise façon.

On nous en voudrait de ne pas esquisser ici un parallèle entre les deux tentatives : l'une socialiste, l'autre catholique, qui passent, à leur corps défendant, pour les champions des deux inspirations sociales auxquelles elles appartiennent.

Mais n'allons pas tirer argument pour une sorte d'apologétique économique et sociale de cette comparaison...

Albi naquit de la grève de Carmaux comme Fougères de la grève de Laignelet.

Mais il semble bien que ce soit là toute la ressemblance, car on ne saurait rapprocher de la grève si calme et si digne de Laignelet, les sanglants sursauts de Carmaux. Le

développement pacifique de la Cristallerie fait aussi anti-
thèse aux incessants incidents de tout genre d'Albi, qui ont
eu récemment leur écho en cour d'assises.

Cependant, nous ne faisons pas ici œuvre de polémiste.
Nous n'entamerons donc pas — au profit de Fougères —
une comparaison trop facile. ... Les coopérateurs catholiques bretons n'ont pas allumé d'incendie et ne se sont
pas révoltés contre l'autorité. Mais de cela nous ne dirons
rien, et ne parlerons même pas de la bataille autour du
fameux article 33 des statuts, pas plus d'ailleurs que des
incessantes interventions qui ont permis une laborieuse
et précaire période de relative tranquillité à la Verrerie
ouvrière d'Albi...

Notons seulement quelques indiscutables défauts de la
Coopérative albigeoise.

Manque de conscience professionnelle.

L'enquête faite en 1907, sur le désir de l'assemblée générale, établit que l'augmentation des frais généraux, cause
de la stagnation des bénéfices malgré l'élévation de la production, est due « surtout au laisser-aller des ouvriers, au
manque de conscience prolétarienne ». Le « mauvais
verre », qu'il faut refondre, abonde, et la manipulation
brutale des caisses de bouteilles est à l'honneur.

Les verriers ne sont plus ceux qui ont souffert de la
grève de Carmaux.

Ce sont des salariés qui considèrent leurs actionnaires
comme le patron, et contre lequel ils gardent leurs haines
et leurs préjugés.

Lutte de classes.

Les événements récents montrent, en effet, que les cons-
tatations faites en 1921 conservent leur entière actualité ;
du reste, la même question se posait avant la guerre : c'est
la lutte entre deux éléments d'autorité, le Conseil d'administration et le Conseil syndical. « On a aboli le patronat,
mais maintenu l'élément de lutte utilisé contre le patronat. »
L'autorité administrative et directrice reste incomprise et
contestée, car les verriers se sont complu, avec l'assenti-
ment du Conseil d'administration, à n'être que des salariés.

Manque d'esprit de coopération.

Les *verriers d'Albi sont,* en effet, et *veulent être des salariés.* C'est là, sans aucun doute, l'erreur fondamentale de cette expérience socialiste qui ne créa qu'une société anonyme de plus. Il eût été à souhaiter que le personnel acquît progressivement une plus haute conception de sa valeur, des droits plus étendus de contrôle et des pouvoirs plus précis de gestion.

Conseil d'administration éloigné (à Paris).

Or, précisément, nous avons montré que la conscience professionnelle, l'esprit de collaboration et de coopération sont poussés très haut à Fougères et que la direction est sur place. Cela suffirait à expliquer les différences de résultats...

C'est qu'en effet la Coopérative de production est l'effort le plus complet et aussi le plus délicat que puisse tenter le prolétariat ouvrier, puisqu'elle est la négation même du régime actuel en supprimant l' « entrepreneur » qui en est la clé de voûte.

Comme on l'a noté avec justesse, la Coopérative de consommation est née en pays utilitaire, la Coopérative de production en terre idéaliste.

En effet, il faut ici ce que nous avons appelé de l' « idéalisme pratique ».

Et pour cela il est nécessaire de connaître des forces et des ressources morales et spirituelles que le socialisme ne soupçonne même pas...

Le Foyer Fougerais

Société Coopérative d'habitations à bon marché.

En quarante ans, la population de Fougères a passé de 8.000 à 28.000 habitants.

Métropole française de la chaussure, cette ville voit sans cesse augmenter le nombre des fabriques spécialisées dans cet objet de consommation de plus en plus courante ; d'autre part, la métallurgie, la verrerie apportent depuis peu un contingent nouveau d'ouvriers, sans compter que le commerce local, qui s'est développé parallèlement à l'essor de la cité, compte de nombreux employés qui doivent bien, eux aussi, trouver un « chez eux ».

Or, les limites municipales de Fougères sont très étroites, et si, en fait, les travailleurs fougerais débordent sur le territoire des communes voisines, c'est au détriment, il faut bien le reconnaître, des commodités et de l'hygiène : l'eau, le gaz, l'électricité, l'égout, sont chez nous luxe citadin.

C'est dire qu'en attendant l'extension de l'édilité de Fougères, — et on y pense — une cité, pour être confortable et saine, pour répondre en un mot à tous les desiderata et des constructeurs et des occupants, ne peut être construit que sur le territoire de la ville, c'est-à-dire sur du terrain relativement cher... N'oublions pas, cependant, qu'il s'agit ici d' « habitations à bon marché ».

Ce n'est donc pas pour le plaisir de faire une œuvre, si sympathique soit-elle, que M. l'abbé Bridel s'est attelé, comme il sait le faire, à cette initiative, mais bien parce qu'il y avait là une nécessité matérielle et morale, et un moyen éventuel d'influence.

Bien que l'initiative n'ait encore que deux ans d'existence, déjà deux groupes sont, l'un presque terminé, l'autre en voie d'achèvement.

Le plus ancien porte le nom d'un enfant de Fougères, ouvrier en chaussures et fondateur des œuvres ouvrières catholiques, glorieusement tombé au champ d'honneur au moment d'être nommé capitaine : Jean Allain. Il comprendra, au total, cinquante-quatre logements individuels adossés deux à deux, tous exposés au soleil, et précédés d'un beau jardin de près de 300 m², le long de la déclivité d'une colline d'où l'on a une vue fort agréable et l'air le plus pur.

Le second, en un emplacement aussi agréable et aussi rapproché de la ville, est bâti au lieudit la Madeleine. Les maisons de la cité Jean Allain sont plus vastes ; chacune comprend : au rez-de-chaussée, une cuisine de 4 mèt. sur 4, et une salle à manger ou chambre de 4 mèt. sur 3 mèt. 50. Au premier, une chambre de 4 mèt. sur 4, et un grenier de 3 mèt. 10 sur 3 mèt. 50.

Derrière est un appentis, le cellier, de près de 3 mèt. de côté.

Les murs ne sont pas en pacotille. Par une disposition, on a tenu à exclure de sa construction les matériaux poreux qui, en ce pays humide, seraient malsains : brique, ciment armé.

Toutes les maisons sont en moellons de granit, ce qui leur donne la couleur locale à la fois gaie et sérieuse que l'on connaît aux maisons de Bretagne. Un toit en ardoises, incurvé en pente rapide, donne un aspect très original à ces édifices qui n'ont rien des joujoux d'arbre de Noël que l'on nous donne trop souvent comme maisons ouvrières. Les murs des pignons ont une épaisseur de 0m,45 ; le mur de refend de 0m,50 ; les murs de façade de 0m,40.

La cuisine, pièce principale, est, s'il vous plaît, dallée en mosaïque ; l'escalier est en chêne avec dessous aménagé pour débarras, le tout variant de 17.000 à 28.000 fr. Cet ensemble « sympathique », confortable et coquet, solide et relativement peu coûteux, est dû à un distingué architecte de Rennes, M. Perrin, qui obtint le premier prix pour un plan de maison à bon marché ; M. l'abbé Bridel y a apporté quelques modifications. Les maisons sont aujourd'hui près de 5o, jumelées et disposées en quinconces d'une part, et en trois rangées parallèles d'autre part, la rue principale étant abandonnée à la ville.

Ne nous étonnons pas que de Rennes, de Laval et d'ailleurs, des commissions soient venues visiter ces maisons et en aient emporté une excellente impression.

A la Madeleine, dans une vaste propriété acquise en échange d'un terrain qui devait faire partie de la cité Jean Allain, mais où la construction eût nécessité des fondations trop onéreuses, s'élèvent déjà une quinzaine de maisons.

Il n'est pas sans intérêt de noter que parmi les occupants les travailleurs de la chaussure arrivent en tête, au nombre de 17, puis les verriers, 8, et ensuite les employés de bureau, employés de chemin de fer, ouvriers du bois, mécaniciens, etc.

C'est une règle absolue de ne confier ici des maisons qu'à des *locataires propriétaires*. On se refuse absolument à « faire la location », ce procédé n'atteignant guère les buts sociaux et moraux recherchés. Il paraît notamment que pour l'entretien et la propreté, il y a entre le locataire et le locataire-propriétaire une différence absolue en faveur de qui l'on devine.

Le capital du Foyer fougerais, primitivement fixée à 5oo.ooo fr., a bientôt été porté au double. Les avances officielles, par petits paquets tardifs, ont atteint péniblement 19o.ooo fr. quand cinquante maisons étaient déjà édifiées.

Au contraire, les emprunteurs se sont facilement acquittés de leurs engagements. Et dès la deuxième année il a pu être réparti 3 fr. 5o par action.

Dans le capital 15o.ooo fr. environ proviennent des occupants des maisons ; tandis qu'une somme de près de 2oo.ooo fr. est due aux ouvriers et patrons fougerais. Pour

le reste, le savoir-faire et l'entrain des dirigeants y ont
pourvu...

Il serait prématuré de vouloir tirer de cette trop courte
expérience des conclusions au point de vue de la natalité,
d'autant plus que les ménages y sont en fait ou tout jeunes
ou très vieux. Néanmoins il n'y a pas de maison sans
enfant, et l'on peut déjà dire combien l'esprit de foyer et
de famille s'est développé ; c'est au point que beaucoup de
familles ne quittent pas leur domaine, même le dimanche.

Au point de vue de l'organisation générale, l'expérience
fougeraise semble conclure nettement à la supériorité des
« offices » indépendants recevant les fonds de diverses per-
sonnes morales et notamment du département.

Pour les sociétés d'habitation à bon marché, l'inconvé-
nient principal est en effet l'obligation d'établir à l'avance
son plan d'ensemble, de constructions, de volumineux
dossiers fixant le chiffre exact des emprunts, d'attendre
que cet emprunt soit accepté, après enquête par le ministère
du travail, puis mis à la disposition de la société par la
Caisse des dépôts et consignations. Il a fallu plus d'une
année de démarches pour obtenir le premier versement.
12 maisons étaient déjà habitées et 12 autres en construction.

Par le crédit immobilier d'Ille-et-Vilaine au contraire, le
Foyer fougerais obtint beaucoup plus rapidement l'argent
dont il avait besoin, détail important, car les entrepreneurs
sont fort exigeants pour les paiements.

L'Etoile Fougeraise.

Coopérative de consommation.

Cette œuvre est la plus âgée de celles dont nous parlons ici. En effet, le magasin de l'Etoile bien nommée ouvrit le jour de Noël 1919.

Elle aussi naquit de la rencontre d'idées précises avec la nécessité vitale.

Peu après la fin de la guerre, le grand centre ouvrier de Fougères souffrait vivement de la difficulté qu'avaient les clients modestes d'obtenir de leurs fournisseurs certaines denrées, notamment le sucre et le pétrole.

D'anciens soldats, habitués à voir dans leur ville nombre de coopératives et ayant été mêlés pendant la guerre à la coopération, d'autre part, des anciens du patronage Saint-Joseph, où ils avaient reçu un sérieux bagage d'idées sociales, eurent l'idée de cette société qui, fondée au capital de 60.000 fr., débute modestement avec 120 adhérents.

Aujourd'hui, elle possède un magasin central fournissant surtout des denrées alimentaires et aussi des étoffes, fort bien achalandé ; — nous y avons vu, un jour de marché, 20 clients à la fois. Les adhérents sont aujourd'hui près de 15.000, avec un chiffre d'affaire d'un million et demi ; et cela, grâce à l'établissement de quatre succursales qui rayonnent dans la ville, car à Fougères, en particulier, « il faut aller vers les ouvriers dans les quartiers excentriques ».

L'Etoile est d'ailleurs fort bien dirigée par M. Juban, dont l'autorité et les qualités commerciales rendent les plus grands services.

Ne vendant qu'à ses seuls adhérents, à des prix légèrement inférieurs à ceux du commerce, et ne s'occupant que des produits de première nécessité, la coopérative put, dès sa fondation, ristourner de 3 à 4 % sur les achats.

D'autre part, 4 % d'intérêt sont versés aux actionnaires et l'amortissement du matériel ne peut être fixé à moins de 10 % de sa valeur.

Sur les bénéfices nets restants, il est prélevé d'abord un

complément de 2 % aux sociétaires ; puis, 25 % sont mis à la disposition du Conseil d'administration pour être distribuées par lui aux œuvres sociales ; 10 % pour constitution de la réserve légale ; 10 % à titre d'indemnité au Directeur gérant ; 5 % à titre de gratification au personnel.

Un nouveau magasin central sera achevé au cours de l'été 1924, qui sera vaste et luxueux. Bâti spécialement pour sa destination, il sera sinon le plus grand, du moins le plus élégant des magasins de la ville. Les glaces de la devanture de près de 20 mètres carrés ne seraient pas déplacées dans un magasin « chic » de Paris. Cela posera la Coopérative.

Ici, comme pour les maisons, nous trouvons un légitime souci de l'apparence extérieure qui n'est pas un trompe-l'œil, mais le témoignage extérieur de la qualité.

Le Genêt d'or.

Société coopérative d'ébénisterie.

Voici le Benjamin de la belle famille des Coopératives catholiques fougeraises, puisqu'il est né en mai 1924 avec ce gracieux nom à l'allure bien bretonne.

Il y avait ici aussi des ouvriers sur le point de perdre leur-gagne pain et il y avait l'homme qu'il faut.

C'est donc sous les plus heureux auspices qu'est née cette coopérative de fabrication de meubles où l'on vise d'ailleurs beaucoup à la qualité et au fini et d'où l'on a banni la « camelote ».

C'est avec les mêmes statuts que ceux de leurs camarades de la verrerie, que travaillent là les 15 ouvriers qui appartenaient à une maison d'ébénisterie sur le point de fermer et cinq ou six de leurs camarades menuisiers qui sont venus les rejoindre.

Une très heureuse opération a permis de réunir un beau magasin donnant sur une des rues principales de la ville avec un vaste atelier, où l'hygiène et le souci de bien faire sont également à l'honneur.

Le Genêt d'or est en bonne voie de réussite.

L'Union Syndicale Catholique.

Fédération de Syndicats. Secrétariat syndical.

Ce serait faire une injure personnelle à M. l'abbé Bridel que de passer sous silence l'Union Catholique de Fougères ; ce serait aussi un manque de logique, et ces deux fautes nous seraient également pénibles.

C'est dans une aristocratique et ancienne demeure où habita bien souvent (comme le rappelle une plaque commémorative) Chateaubriand, qui célébra si bien les vertus sociales du catholicisme, qu'est logée l'Union Syndicale Catholique de Fougères, dont le secrétariat s'occupe également de l'Union Syndicale bretonne et de la propagande. Sept syndicats y ont leur siège, qui sont, par ordre d'ancienneté et aussi d'importance, ceux des ouvriers de la chaussure, des employés, des verriers, du bâtiment, de l'ameublement, de la métallurgie, des cheminots.

C'est une « maison syndicale » c'est-à-dire vivante. Les services administratifs n'y sont pas tout. Là se tiennent aussi les petites conférences et les réunions des syndicats et des coopératives dont elle est le centre actif.

Conclusion.

On pourrait croire que le mot d'ordre de l'homme que nous avons vu si souvent intervenir au cours de cette trop brève monographie soit : « des œuvres, des œuvres ! »

Il n'en est rien. Sa devise, son grand principe est le suivant : « *Formation, formation !* » Et Dieu sait s'il l'applique.

Ceci, au fond, n'est pas pour nous étonner.

Les œuvres sans les hommes ne sont rien.

Toutes, dans la ville qui nous occupe, ont été entreprises seulement d'abord *si elles répondaient à un besoin,* et ensuite si l'homme qu'il fallait était prêt à les faire fonctionner.

C'est là, sans aucun doute, deux des causes principales qui assurèrent leur succès, et parmi lesquelles nous n'avons garde d'oublier la sympathie qu'inspire l'animateur et sa mentalité commerciale au service d'une âme d'apôtre... Mais lui-même est « un homme à sa place ».

Quand on réfléchit aux efforts longs, patients, parfois méconnus sinon suspectés de tous ceux qui collaboraient à ces œuvres, à la fois diverses par l'objet, mais une par l'esprit et les moyens moraux, on est contraint d'admirer ces bâtisseurs modernes.

Au mont Saint-Michel, qui ne se trouve qu'à quelques dizaines de kilomètres de Fougères, on fait admirer aux touristes, reposant sur le roc inébranlable, les trois édifices superposés et qui se commandent l'un l'autre de la « Merveille ». Les hommes de M. l'abbé Bridel sur le roc de leur foi pratique ont bâti les trois édifices superposées de la *Formation, du Syndicat,* de la *Coopération.*

Ils ont bâti eux aussi leur « Merveille ».

TABLE DES MATIÈRES

Bar-le-Duc. — Impr. Brodard et Cⁱᵉ. — 8351,7,24.

Original en couleur

NF Z 43-120-8

52. — A. P. — *La mutualité agricole.*
53. — P. Durand. — *Comment lire un Bilan ?*
54. — A. P. — *La législation internationale du Travail.*
57. — R. P. Racol. — *L'organisation sociale des catholiques belges.*
58. — A. Dienesch. — *Quelles formes légales adopter pour nos groupements.*
60. — M. Langlois. — *La « Bibliothèque pour tous ». Pourquoi ? Comment ?*
62. — P. Doncœur. — *Le « Fayolisme ».*
63. — R. P. A. Muller. — *La Production et ses agents.*
66. — A. P. — *Les Assurances sociales. (2 fascicules à 1 fr. pièce.)*
67. — Comité d'Init. rurale. — *L'organisation professionnelle agricole.*
68. — J. Jalabert. — *Le film corrupteur.*
69. — R. P. Noppel. — *L'organisation sociale des catholiques allemands.*
70. — A. P. — *Vie chère, crise économique et baisse des salaires.*
71. — R. du Passage. — *Juste prix, juste salaire.*
72. — G. Guitton. — *Les Syndicats libres féminins de l'Isère.*
74. — G. Guitton. — *Le Syndicat dans ses rapports avec la hiérarchie catholique.*
75. — E. L. — *Hygiène et médecine en colonies de vacances.*
76. — P. Durand. — *Le Directoire pratique du petit Commerçant.*
77. — A. Albaret. — *Les Groupements professionnels de l'Enseignement libre.*
79. — A. P. — *L'organisation sociale des Catholiques italiens.*
85. — A. Albaret. — *La législation sur les emplois réservés aux Victimes de la guerre.*
86. — P. Durand. — *L'Assistance judiciaire.*
87. — Brucculeri. — *Le Problème du Latifondo.*
88. — P. Verschaeve. — *Le Comptoir psychologique des Professions d'Utrecht.*
89. — Ec. nor. soc. — *Une véritable Chambre d'apprentissage féminin.*
90. — O. du Préault. — *Les Allocations familiales.*
91. — L. Rigaud. — *La législation protectrice de l'enfance.*
92. — Dr Woycicki. — *L'organisation sociale des catholiques polonais.*
93. — M. Eblé. — *Les Secrétariats sociaux.*
94. — M. Eblé. — *L'Union d'Etudes des Catholiques sociaux.*
95. — L. Rigaud. — *La Société des Nations.*
96. — J. Dassonville. — *Le Problème de la Dépopulation.*
97. — L. Rigaud. — *La Question de la Propriété Commerciale.*
98. — M. G. — *Quelques réflexions sur la doctrine de Malthus.*

Série morale et religieuse.

501. — L. de Grandmaison. — *La Théosophie.*
502. — L. de Lorme. — *L'Apostolat à la Caserne.*
503. — L. de Lorme. — *Le bon exemple à la Chambrée.*
504. — J. Rullier. — *L'idée de Patrie.*
505. — Capitaine M. — *La crise de l'Autorité et l'armée future.*
506. — H. Auffroy. — *Le célibat des prêtres.*
507. — Y. de laBrière. — *L'enseignement secondaire des jeunes Françaises.*
508. — M. d'Herbigny. — *Assurons aux Russes des prêtres catholiques russes.*
510. — J. Huby. — *Saint Luc.*
511. — J. Huby. — *Saint Matthieu.*
512. — F. Datin. — *Avant la réforme de l'Enseignement secondaire.*
513. — Chan. E. Dimnet. — *Organisation et méthode chez les catholiques américains.*
515. — J. Huby. — *Saint Jean.*
517. — A. P. — *Etude statistique sur le clergé paroissial français.*

N. B. — Un certain nombre des brochures jaunes sont la reproduction d'études parues dans les « *Dossiers de l'Action Populaire* ». — Ci-après la nomenclature des brochures *non extraites de ces* « *Dossiers* ».

Nos 2, 3, 4, 6, 7, 14, 15, 16, 17, 18, 19, 20, 23, 25, 26, 29, 31, 33, 68, 71, 74, 75, 93, — 501, 502, 503, 504, 505, 506, 507, 508, 510, 511, 512, 513, 515.

Prix de la collection de ces 36 brochures : 30 fr. net *franco*.

Bar-le-Duc. — Impr. Brodard & Cie. — 8351,7,24.

www.ingramcontent.com/pod-product-compliance
Lightning Source LLC
LaVergne TN
LVHW020102070726
842525LV00018B/1630